(a cura di Gian Gaetano Cabella)

TESTAMENTO POLITICO DI BENITO MUSSOLINI

ISBN 978-1-291-33060-1

Edizioni della Lanterna

Catalogo : http://www.lulu.com/spotlight/antizog

Sito Internet : http://edizionilanterna.blogspot.it/

Tel : 338.1637425 - Email : longolegal@libero.it

Seconda edizione, gennaio, 2013 - © copyright Edizioni della Lanterna -

Il testamento di Mussolini

E' risaputo che, quando fu arrestato a Dongo, Mussolini aveva presso di sé una grossa busta di cuoio contenente preziosi documenti. Essi erano tali da interessare la storia degli ultimi anni; ma – almeno fino a questo momento – la storia li ignora. Forse debbono considerarsi perduti, perchè quella busta scomparve, né risulta sia stata mai ritrovata.

Fino a quando non sia stato rinvenuto (ma lo sarà mai?) il carteggio personale e riservatissimo che Mussolini portava con sé e che dovette abbandonare – non si sa dove, né come – dopo il suo arresto sulla riva occidentale del lago di Como; fino a quel giorno avranno un acuto interesse e un valore documentario eccezionale le parole, gli scritti, le dichiarazioni, le confessioni, che egli fece, dettò, espose, o fornì verbalmente nell'ultima decade della sua esistenza e, particolarmente, fra il 20 aprile del 1945 e quel drammatico pomeriggio del sabato 28 aprile, ore 16, in cui egli e la signora Clara Petacci, dopo avere dormito l'ultimo loro sonno a Germasino di Mezzegre, vennero fucilati.

Mussolini aveva molte cose da dire. I giornali, i testimoni, le numerose interviste con partigiani del tempo, sono concordi nel riferire ciò che l'ex Capo della repubblica sociale, già condannato a morte, avrebbe detto proprio a Mezzegre: «Voglio parlare un'ultima volta al mondo, prima di morire. Sono stato tradito nove volte. La decima, sono stato tradito da Hitler».

E' noto che egli non ebbe modo di parlare come desiderava e voleva. Quali pensieri gli facevano invocare quest'ultimo colloquio con gli uomini? Li ignoravamo fino a ieri. Oggi, non più.

E non perchè siano stati ritrovati i documenti che Mussolini portava con sé nella famosa busta di cuoio, prima dell'arresto; ma perchè è venuto alla luce quello che si può a giusto titolo chiamare il testamento di Mussolini.

Nessun dubbio, a tale proposito. Le sue ultime parole non solo vennero scritte sotto la sua dettatura; ma Mussolini stesso, due giorni dopo la definitiva stesura delle cartelle dattiloscritte, volle rivederle, volle personalmente correggerle; e, infine, volle siglare tutto il dattiloscritto con la sua ben conosciuta inconfondibile ***M****.*

Ci si chiederà: «Come mai questo documento così importante, questa testimonianza così vitale, salta fuori soltanto adesso?».[1]

Domanda più che naturale; ma la risposta è quanto mai semplice: perchè l'estensore manuale di quelle dichiarazioni, che furono a lui dettate, il fortuito raccoglitore delle idee, della volontà, dell'estrema disperata difesa di Mussolini si era impegnato a non rendere noto il contenuto di quelle carte se non tre anni dopo la morte di Mussolini stesso. E questo – come si vedrà – per esplicita volontà di Mussolini.

Ecco perchè solo ora, trascorsi i tre anni da quel tragico 28 aprile 1945, il depositario degli ultimi pensieri di Mussolini si è fatto vivo, ritenendosi giustamente sciolto dell'obbligo del silenzio.

Il documento ha la forma di una intervista; intervista che Mussolini concesse nel suo studio presso la Prefettura di Milano a Gian Gaetano Cabella, direttore del «Popolo di Alessandria», nel pomeriggio del 20 aprile 1945 e che, come si è detto, rivide attentamente il

---

[1] NB : Questa nota fu stesa a presentazione della prima edizione de " Il testamento", e cioè nel 1949. (Nota dell' Editore della edizione 2013).

giorno 22 aprile, cioè sei giorni prima della morte.

Superfluo rilevare che questa non è una intervista delle solite. Si tratta di dichiarazioni assolutamente eccezionali, fatte nel momento in cui Mussolini aveva la coscienza del crollo e della sua stessa fine imminente. Egli stesso, del resto, come si vedrà, definì quella intervista un testamento.

Quando il giornalista di sua fiducia gliela riportò il 22 aprile, gli avvenimenti già precipitavano con un ritmo che non consentiva più illusioni. Gli anglo – americani si erano avvicinati vittoriosi alla linea del Po. Ogni speranza in una qualsiasi resistenza svaniva, tanto per l'esercito tedesco, quanto per i fascisti. Nell'ampia cerchia limitata dall'arco alpino, già echeggiava il sinistro: «Si salvi chi può». Perchè Mussolini ebbe la visione, forse ancora nebulosa, ma non per questo meno drammatica, della prossima fine. E ciò spiega la consegna impartita al fedele dell'ultima ora: «Se io muoio, non dovete divulgare quanto rimetto nelle vostre mani se non quando saranno passati tre anni dalla mia morte».

L'importanza storica e umana del documento è eccezionale. E' un estremo appello alla posterità quello che Benito Mussolini dettò il giorno 20 e corresse il 22 aprile 1945 nella saletta della Prefettura di Milano.

20 Aprile 1945

Chi scrive è il giornalista G. C. Cabella, ex direttore del Popolo di Alessandria, *giornale che nel 1944 si pubblicò anche a Milano in una edizione destinata alla Lombardia.*

Nell'aprile del 1945 il Cabella, non appena seppe che Mussolini, proveniente da Villa Feltrinelli sul Garda, era arrivato a Milano, chiese e ottenne un'udienza dal Capo della Repubblica sociale.

Lasciamo al Cabella il compito di narrare egli stesso le varie fasi dell'intervista. Cominciò come una delle tante conversazioni che Mussolini aveva non di rado con questo o con quel direttore di giornale. Ma ben presto l'intervista assunse una portata eccezionale: sia perchè fu l'ultima che Mussolini concesse, sia perchè egli stesso volle rivederla, completarla, correggerla, annotarla, nella sua redazione definitiva.

Fu il ministro Zerbino che il 19 aprile mi comunicò l'invito. Mussolini mi avrebbe ricevuto all'indomani, in Prefettura. Feci subito rilegare il numeri del giornale: tutta la edizione milanese dal settembre 1944 fino all'ultimo numero, uscito con la data del 21 aprile 1945. Volevo offrire al Duce l'intera collezione, insieme coi prospetti e i grafici della tiratura, del *Popolo*, che, da 18 mila copie stampate e 16 mila vendute nel primo anno di vita, era ora asceso a 270 mila copie tirate e vendute, senza contare i numeri speciali, che avevano ottenuto un successo anche maggiore. Le richieste, negli ultimi tempi, superavano la tiratura.

Molti camerati mi consegnarono scritti e messaggi da presentare al Duce. Divisi queste carte in tre gruppi: 1) quelle che gli avrei dato in ogni caso; 2) quelle meno importanti; 3) quelle che avrei consegnato solamente se il colloquio si fosse svolto in modo particolarmente favorevole.

Preparai anche una breve relazione delle lunghe trattative che avevo condotto con elementi partigiani, i quali, in un primo tempo, mi avevano scritto invitandomi a prender contatto con alcuni loro rappresentanti. Avevo accettato senz'altro questo abboccamento che avvenne il 7 febbraio a Rondissone, vicino a Torino: incontro interessante sotto molti rapporti e che permise utili intese nell'interesse superiore del Paese.

Alle 14.30 del 20 aprile ero in Prefettura. Nella prima sala d'aspetto passeggiavano e discorrevano ufficiali e gerarchi. Il Prefetto, capo della Segreteria particolare, attraversava spesso la sala che divideva lo studio di Mussolini dal suo ufficio. Nel secondo salone c'erano il colonnello Colombo, comandante della «Muti» con il vice-comandante e altri. Alle 15 giunsero il comandante Borghese accompagnato da alcuni ufficiali, e il Capo di Stato Maggiore nella G.N.R. («Guardia Nazionale Repubblicana»). Il ministro Fernando Mezzasomma parlava con un gruppo di giornalisti, fra i quali ricordo Daquanno, Amicucci, Guglielmotti. Si unì al gruppo, poco dopo, anche Vittorio Mussolini.

Un'apparente serenità regnava fra quelle persone e,

specialmente nella prima sala, c'era il più discreto silenzio. Un ufficiale delle S.S. germaniche passeggiava fumando. Il servizio di guardia era limitato al portone d'ingresso del Palazzo del Governo e a due sentinelle armate (una S.S. tedesca e un milite della Guardia) alla postierla della scaletta che dal cortile conduceva all'appartamento occupato dal Duce e dai membri del governo.

Alle 15,20 giunse il questore, che parlò col prefetto Bassi. Poco dopo uscì dallo studio del Duce il personaggio che vi stava già da venti minuti; ma non ricordo chi fosse. Forse Pellegrini. Entrò un usciere, che chiuse la porta dietro di sé; ma non tanto velocemente da impedirmi di scorgere Mussolini seduto dietro una piccola scrivania. Nel frattempo, mi aveva raggiunto il mio redattore-capo, già direttore di «Leonessa», settimanale della Federazione bresciana: il sottotenente dei bersaglieri Galileo Lucarini Simonetti.

Finalmente, la porta del Duce si riaprì. L'usciere disse forte il mio nome. Mi precipitai dentro. Depositi i pacchi sopra una sedia alla mia destra, salutai sull'attenti. Mussolini mi accolse con un sorriso. Si alzò e mi venne vicino.

Subito osservai che Mussolini stava benissimo in salute, contrariamente alle voci che correvano. Stava infinitamente meglio dell'ultima volta che l'avevo visto. Fu nel novembre del 1944, in occasione del suo discorso al Lirico. Le volte precedenti che mi aveva ricevuto – nel febbraio, nel marzo e nell'agosto del '44 – non mi era mai apparso florido come ora. Il colorito appariva sano e abbronzato; gli occhi vivaci, svelti i suoi movimenti. Era anche leggermente ingrassato. Per lo meno, era scomparsa quella magrezza, che mi aveva tanto colpito nel febbraio dell'anno avanti e che dava al suo volto un aspetto scarno, quasi emaciato. Quel ricordo, dinanzi ad un uomo ora tanto diverso, si dileguò immediatamente dalla mia memoria.

Egli indossava una divisa grigio-verde senza decorazioni, né gradi. Lasciò i grossi acchiali sul tavolo, sopra un foglio pieno di appunti a matita azzurra. Notai che il tavolo era piccolo: molti fascicoli erano stati collocati sopra un tavolino vicino. Alcuni giacevano perfino in terra, presso la finestra. M'è rimasta l'impressione visiva che sulla scrivania, in un vaso di cristallo, ci fosse una rosa rossa; ma non potrei garantire l'esattezza di questo particolare. Sopra una sedia, scorsi tre borse porta-documenti: due in cuoio grasso, una di pelle giallo-scura.

Mussolini mi posò la destra sulla spalla e mi chiese:

— Cosa mi portate di bello?

Queste le prime parole, che già mi aveva dette quattordici mesi prima, benchè con altro tono: un tono più lento, con voce più bassa e stanca.

Non seppi rispondere lì per lì. Come al solito, e come succedeva a molti davanti a lui, mi sentii alquanto disorientato e dopo una breve esitazione risposi che ero felice di vederlo, e che gli portavo la raccolta del giornale.

Mi battè la mano sulla spalla. Fissandomi, mi disse:

— Vi elogio per quanto avete fatto per il consolidamento della Repubblica sociale. Pavolini mi ha riferito del vostro discorso a Torino per il 23 marzo e del successo che avete ottenuto. Non vi sapevo anche oratore.

Gli offersi la raccolta del giornale e gli mostrai i grafici della diffusione, della vendita, delle lettere ricevute. Gli consegnai diversi scritti di fascisti, di combattenti, di giovanissimi. Mi fu largo di elogi, specialmente per i tre numeri speciali, ricchi di illustrazioni, dedicati a «Stellassa (Umberto di Savoia), a «Pupullo» (Badoglio) e a «Bazzetta» (Vittorio Emanuele III).

Sfogliò la raccolta, soffermandosi su alcuni numeri.

Rise.

— I tre numeri illustrati per «Bazzetta», «Pupullo» e «Stellassa» - mi disse – sono fatti veramente bene. Mi hanno divertito. Che tiratura hanno avuto?

— Duecentosettanta mila copie vendute. Per mancanza di carta non ho potuto far fronte alle trecentottanta mila richieste...

— Avrete la carta che vi occorre...

Prese la matita e, stando in piedi, tracciò qualche nota

su un foglio di appunti.

Allora mi feci animo e gli esposi il caso disgraziato di due camerati bolognesi. Il suo volto si rattristò.

— Farò aver loro diecimila lire. Va bene?

Volle sapere i nomi e gli indirizzi. Li scrisse egli stesso, negli appunti. Poi mi chiese:

— Desiderate qualche cosa da me?

Dopo un momento di perplessità risposi:

— Il mio premio l'ho già avuto: è stato l'elogio che avete voluto farmi. Oso troppo se vi chiedo una dedica?

Gli mostrai una grande fotografia. La fissò un attimo, scosse il capo. Evidentemente, non era troppo soddisfatto dell'immagine. Poi tornò al tavolo, si sedette, prese la penna e scrisse: «*A Gian Gaetano Cabella, pilota de* Il Popolo di Alessandria, *con animo della vecchia guardia.* B. Mussolini, 20 aprile XXIII».

Posò la penna. Volle vedere i grafici. La tiratura del giornale era descritta da un diagramma. Vi era tracciata una linea ascendente, con leggere contrazioni, qua e là.

— A che cosa attribuite queste diminuzioni di vendita?

— Credo che occorra ogni tanto, specie dopo numeri di grande rilievo esteriore, fare uscire qualche numero pallido, senza forti titoli.

Esposi, poi, brevemente i criteri che seguivo e che mi parevano giusti, quindi soggiunsi:

— Mi siete stato maestro. Conservo la raccolta dell'*Avanti!* e quella del *Popolo d'Italia*...

Mussolini scosse la testa, stette un attimo pensoso e osservò:

— Si nasce giornalisti come si nasce compositori o tecnici. Creare il giornale è come conoscere la gioia della maternità. Il criterio di non monotizzare è giusto. Non si può dare un concerto con soli tromboni e grancasse. Il pubblico, dopo i primi istanti di sbalordimento, finirebbe con l'abituarvisi. Vedo che siete anche un abile amministratore. Siete genovese...

Si soffermò sul grafico che riguardava la corrispondenza ricevuta dal pubblico, lettori e lettrici e osservò:

— Molte lettere anonime, vedo.

— Ricevo al giornale circa un dieci per cento di anonime. Però quando le vicende dell'Asse vanno meglio, le lettere anonime diminuiscono.

Gli dissi anche che in Alessandria avevo appiccato le più divertenti ad una parete. Mussolini sorrise:

— Nel mese di marzo – precisai – su 2785 lettere ricevute, 360 sono state anonime.

— Oltre 2400 lettere non anonime in un mese: sono

moltissime. Fate rispondere?

Gli dissi che rispondevo personalmente a tutti e nella rubrica «Il Direttore risponde» e, in gran parte, direttamente.

— Ho constatato che, così facendo, si ottiene una grande pubblicità. Chi riceve, specie in piccolo centro, una lettera personale del direttore, la fa vedere a più persone. Automaticamente diventa un fedele propagandista.

Mussolini prese il pacchetto delle lettere che gli avevo portato insieme con le altre cose. Gli feci osservare che avevo diviso le missive in tre gruppi. Volle tenerle tutte.

— Se avrò tempo, le leggerò stasera.

Intanto aprì tre lettere che avevo messo più in vista: una di una signora che abitava presso Torino; un'altra di un giovane volontario. Puni, di Torino; la terza di una personalità ligure.

— Ringrazierete la signora e il ragazzo. Lasciatemi l'altra: farò rispondere direttamente. Avete qualche cosa ancora da dirmi?

— Ho due collaboratori, un fascista e un vecchio socialista fiorentino...

Mussolini mi disse subito i nomi di entrambi e aggiunse:

— Fate loro i miei elogi. Dite loro che leggo gli

articoli che scrivono, con interesse.

Ebbi l'impressione che l'udienza fosse per finire. Mussolini aveva riaperta la raccolta del giornale e, in ultimo, aveva trovato le copie del giornale «Il Monarchico», che avevo stampato alla macchia facendo finta fosse l'organo di un gruppo monarchico «C. Cavour» di Torino, e una copia del «Grido di Spartaco», che anche avevo stampato clandestinamente. Mussolini rise, ed esclamò:

— Mi sono piaciuti. Anche per questo lavoro vi elogio.

Allora mi feci animo:

— Duce, permettete che vi rivolga qualche domanda?
Mussolini si alzò. Mi venne vicino. Guardandomi negli occhi, con un accento e un'espressione che non dimenticherò mai, mi chiese, d'improvviso:

Intervista o testamento?

A quella domanda inaspettata rimasi esterefatto. Non seppi cosa rispondere. Non sfuggì la mia emozione a Mussolini, che cercò di dissipare la mia confusione con un sorriso bonario.

— Sedetevi qui. Ecco una penna e della carta. Sono disposto a rispondere alle domande che mi farete.

In preda ad una grande agitazione, mi sedetti alla sua sinistra. La sua mano era vicina alla mia. Molte idee mi si affollavano nella mente, ma tutte imprecise. Finalmente formulai una domanda assai generica:

— Qual è il vostro pensiero, quali sono i vostri ordini, in questa situazione?

Invece di «ordini», dissi: «disposizioni»; ma siccome nel testo dell'intervista, che il giorno dopo Mussolini rivide, corresse e siglò, sta scritto «ordini», lascio la espressione ch'egli stesso approvò. Debbo aggiungere che, quantunque io abbia preso nota con la maggiore attenzione possibile di quanto Mussolini mi andava dicendo, non ho potuto, nelle giornate che seguirono il colloquio, riferirlo con esattezza minuta, rigorosa. Solo a distanza di tempo, oggi, ricordo bene; con assoluta precisione. Perciò posso completare ciò che non mi fu possibile allora. Ecco il perchè di queste note, e delle note che seguiranno.

Alla mia domanda, Mussolini, a sua volta domandò:

— Voi cosa fareste?

Debbo aver accennato un gesto istintivo di sorpresa. Mussolini mi toccò il braccio, e sorrise di nuovo:

— Non vi stupite. Faccio questa domanda a tutti. Desidero sentire il vostro parere.

— Duce, non sarebbe bello formare un quadrato attorno a voi e al gagliardetto dei Fasci e aspettare, con le armi in pugno, i nemici? Siamo in tanti, fedeli, armati...

— Certo, sarebbe la fine più desiderabile... Ma non è possibile fare sempre ciò che si vuole. Ho in corso delle trattative. Il Cardinale Schuster fa da intermediario. Non sarà versata una goccia di sangue.

Veramente disse: «Ho l'assicurazione che non sarà versata una goccia di sangue».

Un trapasso di poteri. Per il governo, il passaggio fino in Valtellina, dove Onori sta preparando gli alloggiamenti. Andremo anche noi in montagna per un po' di tempo.

Osai interromperlo:

— Vi fidate, Duce, del Cardinale?

Mussolini alzò gli occhi e fece un gesto vago con le mani.

— E' viscido. Ma non posso dubitare della parola di un Ministro di Dio. E' la sola strada che debbo prendere. Per me è, comunque, finita. Non ho più il diritto di esigere sacrifici dagli italiani.

— Ma noi vogliamo seguire la vostra sorte...

— Dovete ubbidire. La vita dell'Italia non termina in questa settimana o in questo mese. L'Italia si risolleverà. E' questione di anni, di decenni, forse. Ma risorgerà, e sarà di nuovo grande, come l'avevo voluta io.

Dopo una brevissima pausa, continuò:

— Allora sarete ancora utili per il Paese. Trasmetterete ai figli e ai nipoti la verità della nostra idea, quella verità che è stata falsata, svisata, camuffata da troppi cattivi, da troppi malvagi, da troppi venduti e anche da qualche piccola aliquota di illusi.

Forse Mussolini non disse: «troppi». Ho l'impressione che dicesse solo: «malvagi e venduti». Quando rilesse le righe che seguono, le segnò a lato; e fece un gesto con la testa come per farmi comprendere che l'espressione non gli era troppo piaciuta. Tuttavia non la cancellò.

La sua voce aveva i toni metallici che tante volte avevo udito nei suoi discorsi. Poi, con fare più pacato, continuò:

— Dicono che ho errato, che dovevo conoscere meglio gli uomini, che ho perduta la testa, che non dovevo dichiarare guerra alla Francia e all'Inghilterra. Dicono che mi sarei dovuto ritirare nel 1938. Dicono che non dovevo fare questo, e che non dovevo fare quello. Oggi è facile profetizzare il passato.

Non riesco più a ricordare il significato del segno fatto qui in margine. Forse quel segno a matita voleva significare: «Non mi piace».

— Ho una documentazione che la storia dovrà compulsare per decidere. Voglio solo dire che, a fine maggio e ai primi di giugno del 1940 se critiche venivano fatte erano per gridare allo scandalo di una neutralità definita ridicola, impolitica, sorprendente. La Germania aveva vinto. Noi non solo non avremmo avuto alcun compenso; ma saremmo stati certamente, in un periodo di tempo più o meno lontano, invasi e schiacciati.

Mussolini mi disse di far risaltare che le frasi da lui sottolineate riguardavano i discorsi della gente. Egli stesso sottolineò con un segno più forte l'espressione: «La Germania aveva vinto», con tutto ciò che segue.

«E cosa fa Mussolini? Quello si è rammollito. Un'occasione d'oro così, non si sarebbe mai più presentata». Così dicevano tutti e specialmente coloro che adesso gridano che si doveva rimanere neutrali e che solo la mia megalomania e la mia libidine di potere, e la mia debolezza nei confronti di Hitler, aveva portato alla guerra.

«La verità è una: non ebbi pressioni da Hitler. Hitler aveva già vinto la partita continentale. Non aveva bisogno di noi. Ma non si poteva rimanere neutrali se volevamo mantenere quella posizione di parità con la Germania che fino allora avevamo avuto

«I patti con Hitler erano chiarissimi. Ho avuto ed ho per lui la massima stima. Bisogna distinguere fra Hitler ed alcuni suoi uomini più in vista...

A queste considerazioni Mussolini ne aggiunse varie altre. Questa ad esempio: «Ho parlato

sempre col Führer della sistemazione dell'Europa e dell'Africa. Non abbiamo mai avuto divergenze di idee. Già all'epoca delle trattative per lo sgombero dell'Alto Adige, controprova indiscutibile delle sue oneste e solidali intenzioni, il Führer dimostrò buon volere e comprensione».

La sistemazione dell'Europa avrebbe dovuto attuarsi in questo modo:

«L'Europa divisa in due grandi zone di influenza: nord e nord-est influenza germanica; sud, sud-est e sud-ovest influenza italiana. Cento e più anni di lavoro per la sistemazione di questo piano gigantesco. Comunque, cento anni di pace e di benessere. Non dovevo forse vedere con speranza e con amore una soluzione di questo genere e di questa portata?

«In cento anni di educazione fascista e di benessere materiale, il Popolo italiano avrebbe avuto la possibilità di ottenere una forza di numero e di spirito tale, da controbilanciare efficacemente quella oggi preponderante della Germania.

«Una forza di trecento milioni di europei, di veri europei, perchè mi rifiuto di definire europei gli agglomerati balcanici e quelli di certe zone della Russia anche nelle stesse vicinanze della Vistola; una forza materiale e spirituale da manovrare verso l'eventuale nemico di Asia o di America.

«Solo la vittoria dell'Asse ci avrebbe dato diritto di pretendere la nostra parte dei beni del mondo, di quei beni, che sono in mano a pochi ingordi e che sono la causa di tutti i mali, di tutte le sofferenze e di tutte le guerre.

«La vittoria delle Potenze cosidette alleate non darà al mondo che una pace effimera e illusoria.

«Per questo voi, miei fedeli, dovete sopravvivere e mantenere nel cuore la fede. Il Mondo, me scomparso, avrà bisogno ancora dell'Idea che è stata e sarà la più audace, la più originale e la più mediterranea ed europea delle idee.

«Non ho bluffato quando affermai che l'Idea Fascista sarà l'Idea del secolo XX. Non ha assolutamente importanza una eclissi anche di un lustro, anche di un decennio. Sono gli avvenimenti in parte, in parte gli uomini con le loro debolezze, che oggi provocano questa eclissi. Indietro non si può tornare. La Storia mi darà ragione.

A questo punto Mussolini tacque. Scosse alcune volte la testa come per scacciare un pensiero molesto.

Quando, due giorni dopo, gli portai il dattiloscritto di queste dichiarazioni, fece in più punti, specie là dove mi aveva parlato di una forza di trecento milioni di europei, di «veri europei», alcuni segni di distacco: segni di lapis. Mi disse che avevo dimenticato molte cose importanti. Oggi le ricordo benissimo tutte.

Mussolini parlò della sua presa di posizione nel 1933'34 fino ai colloqui di Stresa (aprile '35). Affermò che la sua azione non era stata interamente compresa e tanto meno seguita, né dall'Inghilterra né dalla Francia. E soggiunse: «Siamo stati i soli ad opporci ai primi conati espansionistici della Germania. Mandai le divisioni al Brennero; ma nessun gabinetto europeo mi appoggiò. Impedire alla Germania di rompere l'equilibrio continentale, ma nello stesso tempo provvedere alla revisione dei trattati; arrivare ad un aggiustamento generale delle frontiere fatto in modo da soddisfare la Germania nei punti giusti delle sue rivendicazioni, e cominciare col restituirle le colonie: ecco quello che avrebbe impedito la guerra. Una caldaia non scoppia se si fa funzionare a tempo una valvola. Ma se invece la si chiude ermeticamente, esplode. Mussolini voleva la pace e questo gli fu impedito».

Dopo qualche istante di silenzio, ardii chiedergli:

— Avete detto che l'eventuale vittoria dei nostri nemici non potrà dare una pace duratura. Essi nella loro propaganda affermano...

— Indubbiamente abilissima propaganda, la loro. Sono riusciti a convincere tutti. Io stesso, a volte...

Mussolini sottolineò la frase: «Io stesso, a volte...». E sorrise. Posò il lapis sul tavolo e sollevò due o tre volte le mani fino all'altezza delle tempie. Poi, parlando lentamente e staccando le sillabe, aggiunse: «Qualunque cosa detta da loro è la verità. Mi sono chiesto la ragione di questa specie di ubriacatura collettiva. Sapete che cosa ho concluso?». Alzò il capo e mi fissò. E proseguì: «Ho concluso che ho sopravalutato la intelligenza delle masse. Nei dialoghi che tante volte ho avuto con le moltitudini, avevo la convinzione che le grida che seguivano le mie domande fossero segno di coscienza, di comprensione, di evoluzione. Invece, era isterismo collettivo...».

«Ma il colmo è che i nostri nemici hanno ottenuto che i proletari, i poveri, i bisognosi di tutto, si schierassero anima e corpo dalla parte dei plutocrati, degli affamatori, del grande capitalismo.

Mussolini ha segnato fortemente queste righe. Sono convinto di non aver saputo riferire bene tutto il suo pensiero. Mi disse: «Non avete detto tutto. Avete rimpicciolito la mia idea. Ne riparleremo...». Invece, non ci fu più né tempo, e né modo di riparlarne. Pochi giorni dopo, fu Dongo, fu l'esecuzione, fu Piazzale Loreto.

«La vittoria degli alleati riporterà indietro la linea del fronte delle rivendicazioni sociali. La Russia? Il capitalismo di stato russo (credo superfluo insistere sulla parola bolscevismo) è la forma più spinta e meno socialista di un ibrido capitalismo, che si può solamente sostenere in Russia, appoggiato all'ignoranza, al fatalismo e alle sotnie di cosacchi, che hanno lasciato lo «knut» per il mitra. Questo capitalismo russo dovrà cozzare fatalmente con il capitalismo anglo-sassone. Sarà allora che il Popolo italiano avrà la possibilità di risollevarsi e di imporsi. L'uomo che dovrà giocare la grande carta...

— Sarete voi, Duce...

«Sarà un giovane. Io non sarò più. Lasciate passare questi anni di bufera. Un giovane sorgerà. Un puro. Un capo che dovrà immancabilmente agitare le idee del fascismo. Collaborazione e non lotta di classe; carta del Lavoro e socialismo; la proprietà sacra fino a che non diventi un insulto alla miseria; cura e protezione dei lavoratori, specialmente dei vecchi e degli invalidi; cura e protezione della Madre e dell'infanzia...

Mussolini volle sottolineare queste frasi programmatiche. Mi disse più precisamente: «Onora il padre e la madre». Depose il lapis col quale segnava le correzioni sul dattiloscritto e si passò una mano sulla fronte. Poi, dopo un attimo di silenzio soggiunse: «A volte si torna indietro nel tempo. E' pur grande la nostalgia del tepore sicuro del petto materno». E continuò:

«Assistenza fraterna ai bisognosi; moralità in tutti i campi; lotta contro l'ignoranza e contro il servilismo verso i potenti; potenziamento, se si sarà ancora in tempo, dell'autarchia, unica nostra speranza fino al giorno utopistico della suddivisione fra tutti i popoli delle materie prime che Iddio ha dato al mondo; esaltazione dello spirito di orgoglio di essere italiano; educazione in profondità e non, purtroppo, in superficie come è avvenuto per colpa degli avvenimenti e non per deficienza ideologica.

«Verrà il giovane puro che troverà i nostri postulati del 1919 e i punti di Verona del 1943: freschi e audaci e degni di essere seguiti. Il Popolo allora avrà aperto gli occhi e lui stesso decreterà il trionfo di quelle idee. Idee che troppi interessati non hanno voluto che comprendesse ed apprezzasse e che ha creduto fossero state fatte contro di lui, contro i suoi interessi morali e materiali...

Anche qui Mussolini trovò che non avevo detto tutto quanto egli aveva espresso. Nella riga in cui si registravano le sue parole a proposito della utopistica suddivisione delle materie prime fra i popoli della terra, corresse un errore madornale. Arrossii. Egli se ne accorse e rise. Poi disse: «Quando vi si incolpa di avere sbagliato, dite pure che Mussolini sbaglia dodici volte al giorno!». Quindi proseguì:

«Abbiamo avuto diciotto secoli di invasioni e di miserie, e di denatalità e di servaggio, e di lotte intestine e di ignoranza. Ma, più di tutto, di miseria e di denutrizione. Venti anni di Fascismo e settanta di dipendenza non sono bastati per dare all'anima di ogni italiano quella forza occorrente per superare la crisi e per comprendere il vero. Le eccezioni, magnifiche e numerosissime non contano.

«Questa crisi, cominciata nel 1939, non è stata superata dal popolo italiano. Risorgerà, ma la convalescenza sarà lunga e triste e guai alle ricadute. Io sono come il grande clinico che non ha saputo fare la cura...

Qua corresse: «cura». (Io avevo scritto: diagnosi). Ci pensò su un attimo, poi aggiunse: «la diagnosi era giusta!». Mi guardò. Mi disse: «aggiungeremo qualche altra considerazione...».

...esatta e che non ha più la fiducia dei familiari dell'importante degente. Molti medici si affollano per la successione. Molti di questi sono già conosciuti per inetti; altri non hanno che improntitudine o gola di guadagno. Il nuovo dottore deve ancora apparire. E quando sorgerà, dovrà riprendere le ricette mie. Dovrà solo saperle applicare meglio.

«Un accusatore dell'ammiraglio Persano, al quale fu chiesto che colpa, secondo lui, aveva l'Ammiraglio: «quella di aver perduto» rispose.

«Così io. Ho qui delle tali prove di aver cercato con tutte le mie forze di impedire la guerra che mi permettono di essere perfettamente tranquillo e sereno sul giudizio dei posteri e sulle conclusioni della Storia.

Nel dire «ho qui tali prove», indicò una grande borsa di cuoio. Mi sembra, delle tre, fosse quella di pelle gialla. Poi toccò una cassetta di legno.

«Non so se Churchill è, come me, tranquillo e sereno. Ricordatevi bene: abbiamo spaventato il mondo dei grandi affaristi e dei grandi speculatori. Essi non hanno voluto che ci fosse data la possibilità di vivere. Se le vicende di questa guerra fossero state favorevoli all'Asse, io avrei proposto al Führer, a vittoria ottenuta, la socializzazione mondiale.

Mussolini sorrise lievemente quando parlò della sua serenità e tranquillità. Sorrise di nuovo quando fece cenno a Churchill. Il sorriso si mutò in una smorfia di disprezzo allorchè parlò degli affaristi e degli speculatori.

«La socializzazione mondiale, e cioè: frontiere esclusivamente a carattere storico; abolizione di ogni dogana; libero commercio fra paese e paese, regolato da una convenzione mondiale; moneta unica e, conseguentemente, l'oro di tutto il mondo di proprietà comune e così tutte le materie prime, suddivise secondo i bisogni dei diversi paesi; abolizione reale e radicale di ogni armamento.

«Colonie: quelle evolute erette a Stati indipendenti; le altre, suddivise fra quei paesi più adatti per densità di popolazione, o per altre ragioni, a colonizzare ed a civilizzare; libertà di pensiero e di parola e di scritto regolate da limiti: la morale, per prima cosa, ha i suoi diritti.

Mussolini disse precisamente: «Libertà di pensiero, di parola e di stampa? Sì, purchè regolata e moderata da limiti giusti, chiaramente stabiliti. Senza di che, si avrebbe anarchia e licenza. E ricordatevi, sopra tutto la morale deve avere i suoi diritti».

«Ogni religione liberissima di propagandarsi: siamo stati i primi, i soli, a ridare lustro e decoro e libertà e autorità alla Chiesa cattolica. Assistiamo a questo straordinario spettacolo: la stessa Chiesa alleata ai suoi più acerrimi nemici.

Mussolini aveva dettato: «alla Chiesa». Poi aggiunse: «cattolica». Quindi spiegò: «La Chiesa cattolica non vuole, a Roma, un'altra forza. La Chiesa preferisce degli avversari deboli a degli amici forti. Avere da combattere un avversario, che in fondo non la possa spaventare e che le permetta di avere a disposizione degli argomenti coi quali ravvivare la fede, è indubbiamente un vantaggio». Strinse le mani assieme e proseguì: «Diplomazia abile, raffinata. Ma, a volte, è un gran danno fare i superfurbi. Con la caduta del fascismo, la Chiesa cattolica si ritroverebbe di fronte a nemici d'ogni genere: vecchi e nuovi. E avrebbe cooperato ad abbattere un suo vero, sincero difensore».

«Nel sud, nelle zone così dette liberate, l'anticlericalismo ha ripreso in pieno il suo turpe lavoro. L'*Asino* è, in confronto a pubblicazioni di questi ultimi tempi, un bollettino parrocchiale.

«Anche in questo campo, gli stessi uomini che oggi non vogliono vedere, saranno unanimi a deprecare la loro pazzia o la loro malafede. Se la vittoria avesse arriso a noi, questo programma avrei offerto al mondo e ancora una volta, sarebbe stata Roma a dare la luce all'Umanità.

A questo punto Mussolini tacque. Si alzò e si

avvicinò alla finestra. Avevo cercato di fissare gli appunti nel modo il più esatto possibile, tenendo dietro a mala pena alle sue parole, specie quando la foga del discorso gli faceva affrettare la velocità dell'espressione. Le cartelle erano oramai più di trenta. Finalmente Mussolini si distaccò dalla finestra. Si rivolse di nuovo a me e riprese:

«Ero fisicamente ammalato. Potevo chiedere, per lo meno, un periodo di riposo. Avrei visto lo svolgersi degli avvenimenti. Ma cosa sarebbe successo?».

«I tedeschi erano nostri alleati. L'alleanza era stata firmata e mille volte si era giurata reciproca fedeltà, nella buona e nella cattiva sorte. I tedeschi, qualunque errore possano aver commesso, erano, l'otto settembre, in pieno diritto di sentirsi e calcolarsi traditi.

I «traditori» del 1914 erano gli stessi del 1943. avevano il diritto di comportarsi da padroni assoluti. Avrebbero senz'altro nominato un loro governo militare di occupazione. Cosa sarebbe successo? Terra bruciata. Carestia, deportazioni in massa, sequestri, moneta di occupazione, lavori obbligatori. La nostra industria, i nostri valori artistici, industriali, privati, tutto sarebbe stato bottino di guerra.

«Ho riflettuto molto. Ho deciso ubbidendo all'amore che io ho per questa divina adorabile terra. Ho avuta precisissima la convinzione di firmare la mia sentenza di morte. Non avevo importanza più. Dovevo salvare il più possibile vita ed averi, dovevo cercare ancora una volta di fare del bene al Popolo d'Italia. E la moneta di occupazione, i marchi di guerra, che già erano stati messi in circolazione, sono stati per mia volontà ritirati. Mi sono imposto. Ho gridato. Oggi saremmo con miliardi di carta buona per bruciare.

«Invece nel Sud, i governanti legali, hanno accettato le monete di occupazione. La nostra lira nel regno del Sud non ha praticamente più valore. La più tremenda delle inflazioni delizia quelle regioni così dette liberate. Quando arriveranno nel Nord, in questo Nord che la Repubblica sociale ha governato malgrado bombardamenti, interruzioni di strade, azioni di partigiani e di ribelli, malgrado la mancanza di generi alimentari e di combustibili, in questo Nord dove il pane costa ancora quanto costava diciotto mesi fa e dove si mangia alle Mense del Popolo anche a otto lire, quando arriveranno a liberare il Nord, porteranno, con altri mali, la inflazione. Il pane salirà a 100 lire il chilo e tutto sarà in proporzione...

> *Credo di aver qui reso abbastanza bene il pensiero di Mussolini perchè all'indomani, rileggendo queste cartelle egli approvava con frequenti cenni del capo.*

«Mi sono imposto e ho avuto uomini che mi hanno ubbidito. Non si è stampato che il minimo occorrente, di moneta. Ho però autorizzato le banche ad emettere degli assegni circolari, questi tanto criticati assegni. Non sono tesaurizzabili: ecco la loro importanza. La lira-moneta automaticamente viene richiesta, acquista credito, le rendite e i consolidati sono a 120, e dobbiamo frenare un ulteriore aumento. Tutto questo, ho fatto.

«Ho impedito che i macchinari venissero trasportati in Baviera. Ho cercato di far tornare migliaia di soldati deportati, di lavoratori rastrellati. Anche su questo punto occorre parlare chiaro: ho dei dati inoppugnabili.

«Oltre trecento sessanta mila lavoratori hanno chiesto volontariamente di andar a lavorare in Germania, e hanno mandato, in quattro anni, alcuni miliardi alle famiglie. Altri trecentoventi mila operai sono stati arruolati dalla Todt. Dalla Germania sono tornati oltre quattrocento mila soldati ed ufficiali prigionieri, o perchè hanno optato per noi, o per mio personale interessamento secondo i casi più dolorosi.

«Ho impedito molte fucilazioni, anche quando erano giuste. Ho cercato, con tre decreti di amnistia e di perdono di procrastinare il più possibile le azioni repressive che i Comandi Germanici esigevano per avere le spalle dei combattenti protette e sicure. Ho distribuito a povera gente, senza informarmi delle idee dei singoli, molti milioni. Ho cercato di salvare il salvabile. Fino ad oggi l'ordine è stato mantenuto: ordine nel lavoro, ordine nei trasporti, nelle città.

«I ribelli ci sono. Sono molti; ma, salvo qualche aliquota di illusi, la grande massa è composta di renitenti, di disertori, di evasi dalle galere e dai penitenziari. Gli alleati sanno perfettamente questo, ma sanno anche che queste formazioni sono utilissime per i loro sforzi di guerra. Poi, a liberazione avvenuta, succederà come in Grecia. Sul vostro giornale avete messa in giusta evidenza la disperata trasmissione dei partigiani greci in lotta contro i liberatori inglesi.

Era stata captata una radio-trasmissione clandestina di partigiani greci in lotta contro i britannici. Dètti risalto alla notizia, e feci distribuire alcune migliaia di copie del giornale nelle zone partigiane.

«Dovevo, di fronte ad una situazione che vedevo tragicamente precisa, disertare il mio posto di responsabilità? Leggete: sono i giornali del Sud. Mussolini prigioniero dei tedeschi. Mussolini impazzito. Mussolini ammalato. Mussolini con la sua favorita. Mussolini con la paralisi progressiva. Mussolini fuggito in Brasile.

Mussolini mi mostrava i ritagli. Ne leggeva i titoli ad alta voce. Ogni volta, dopo aver scandito le sillabe di ogni titolo, sollevava gli occhi per vedere la mia reazione. Poi strinse il pugno e lo battè con energia sul tavolo.

«Invece sono qui, al mio posto di lavoro, dove mi troveranno i vincitori. Lavorerò anche in Valtellina. Cercherò che il mondo sappia la verità assoluta e non smentibile di come si sono svolti gli avvenimenti di questi cinque anni. La verità è una.

— Ma c'è ancòra una speranza? Ci sono le armi segrete?

«Ci sono. Se non fosse avvenuto l'attentato contro Hitler nell'estate scorsa, si avrebbe avuto il tempo necessario per la messa in azione di queste armi. Il tradimento anche in Germania ha provocato la rovina, non di un partito, ma della patria.

> *Più esattamente Mussolini disse: «Ci sono: sarebbe ridicolo e imperdonabile bluffare». E quando pronunciò la parola «tradimento» esclamai: «Ma noi vi siamo stati e vi saremo sempre fedeli». Egli, allora, mi posò la mano sul braccio e mi disse con accento triste: «Quanti giuramenti! Quante parole di fedeltà e di dedizione! Oggi solo vedo chi era veramente fedele, chi era veramente fascista! Siete voialtri, sempre gli stessi fedeli delle ore belle e delle ore gravi. Facile era osannare nel 1938! ho una tale documentazione di persone che non sapevano più che fare per piacermi! E al primo apparire della tempesta, prima si sono ritirati prudentemente per osservare lo svolgersi degli avvenimenti. Poi si sono messi dalla parte avversaria. Che tristezza. Ma che conforto, finalmente, poter vedere che vi sono i puri, i veri, i sinceri. Tradire l'idea... tradire me... ma tradire la Patria». Quindi proseguendo a parlare delle armi segrete tedesche, dichiarò:*

«Le famose bombe distruttrici sono per essere approntate. Ho, ancora pochi giorni fa, avuto notizie precisissime. Forse Hitler non vuole vibrare il colpo che nella assoluta certezza che sia decisivo.

«Pare che siano tre, queste bombe e di efficacia sbalorditiva. La costruzione di ognuna è tremendamente complicata e lunga. Anche il tradimento della Rumenia ha influito, in quanto la mancanza della benzina è stata la più terribile delle cause della perdita della supremazia aerea. Venti, trentamila apparecchi fermi o distrutti al suolo. Mancanza di carburante. La più tremenda delle tragedie.

— Duce, pensate che inglesi e americani possano vedere i russi arrivare nel cuore dell'Europa? Non sarà possibile una presa di posizione...

«I carri armati che penetrano nella Prussia Orientale sono di marca americana.

A questo punto Mussolini volle precisare che non riteneva, oramai, più possibile sperare in un capovolgimento del fronte. Disse anche: «Forse Hitler si illude». Poi aggiunse: «Eppure, si sarebbe ancora in tempo, se...». Alzò le sopracciglia, fece un ampio gesto con le mani, come per farmi capire: «Tutto è possibile». Quindi riprese:

«Il compito degli Alleati è di distruggere l'Asse. Poi...

— Poi?

«Ve l'ho detto. Scoppierà una terza guerra mondiale. Democrazie capitaliste contro Bolscevismo capitalistico. Solo la nostra vittoria avrebbe dato al mondo la pace con la giustizia. Mi hanno tanto rinfacciata la forma tirannica di disciplina che imponevo agli italiani. Come la rimpiangeranno. E dovrà tornare se gli italiani vorranno essere ancora un Popolo e non un agglomerato di schiavi.

«E gli italiani la vorranno. La esigeranno. Cacceranno

a furor di popolo i falsi pastori, i piccoli malvagi uomini asserviti agli interessi dello straniero. Porteranno fiori alle tombe dei martiri, alle tombe dei caduti per un'idea che sarà la luce e la speranza del mondo. Diranno, allora, senza piaggerìa e senza falsità: Mussolini aveva ragione.

Mussolini a questo punto prese le cartelle dove avevo messo gli appunti.

«Non farete un articolo. Riprendete da questi appunti quello che vi ho detto. Dopodomani mattina mi porterete il dattiloscritto. Se ne avrò tempo riprenderemo fra qualche giorno questo lavoro».

Dissi al Duce che in anticamera era il mio redattore capo, già direttore di un settimanale di Brescia. Mussolini lo fece chiamare. Rimanemmo ancora dieci minuti in udienza.

Ho terminato stanotte, 21-22 aprile queste note, che porterò domani al Duce. Per mancanza di carta, ho dovuto scrivere le ultime quattro cartelle al rovescio delle prime quattro.

Spero di aver interpretato il pensiero del Duce.

Viva Mussolini!

Viva la Repubblica sociale!

Viva il Fascismo!

Terminata la dettatura entrò il redattore capo

sottotenente Lucarini.

Mussolini si intrattenne con noi ridendo e scherzando per circa un quarto d'ora. Quando uscimmo nell'anticamera, fummo circondati da gerarchi e camerati. Vittorio Mussolini volle vedere la fotografia. Mezzasoma disse: «E' ben raro che egli scriva delle dediche così».

Dopo di che mi accinsi al lavoro.

Lavorai tutta la notte al giornale. Quel numero del 21 aprile, però, non uscì più. La notte seguente misi in ordine gli appunti. Lavorai come potei. Tre allarmi aerei; tre volte la luce si spense. La mattina del 22, alle 11, tornai in Prefettura. Mussolini era fuori.

Fece ritorno alle 12,40. Attraversò l'anticamera con passo rapido. Rispose con aria stanca ai nostri saluti. Quando fu sulla soglia della sua stanza da lavoro, si voltò e mi fece cenno di attendere.

Barracu, dopo una decina di minuti, mi introdusse da lui. Stava mangiando. Avevano portato un «cabaret», con una zuppiera. Sorbì alcune cucchiaiate di minestra. Mangiò un po' di verdura, un pezzettino di lesso, due patate e una carota bollite. Poi una mela. Bevve due dita di acqua minerale. Quindi si volse verso di me, e mi disse:

«Fatemi vedere il vostro lavoro».

Scostò delle carte. Lesse con attenzione, lentamente. Il suo volto aveva visibili tracce di stanchezza. Alla distanza di sole quarantott'ore, sembrava molto invecchiato. Corresse e tracciò molti segni, come risulta dal dattiloscritto. Alla fine mi disse:

«Va bene. Ci rivedremo forse in questi giorni. Qualunque cosa accada, non fate vedere ad alcuno questo scritto. Se dovesse accadere il crollo, per tre anni tenetelo nascosto. Poi fate voi, secondo le vicende e secondo il vostro criterio. Ora andate».

Salutai senza poter dire una parola. Mi sorrise e fece un gesto di arrivederci.

Uscii dalla Prefettura con l'animo in tumulto.

Non dovevo più rivederlo.

Milano, 22 aprile 1945

CATALOGO GENERALE

COLLANA "SCRIPTA"

La collana raccoglie tutte le opere , edite ed inedite, di Edoardo Longo.

Opere già pubblicate:

1. **Magistratura criminale. La metastasi della giustizia fra processi politici e processi " paralleli" ,**
2. **Prove tecniche di dittatura. L' attacco giudiziario alla libertà di pensiero nel processo al Fronte Veneto skinheads,**
3. **"Gas – panik !" Intervista esclusiva a Michael Medini, accusato di terrorismo incendiario di banche.**
4. **Il delitto di aborto dall ' epoca classica al codice Rocco.**
5. **La Costituzione sfregiata.**
6. **Sicofanti. Il pentimento del " reo" e i suoi riflessi sull' ingiustizia penale.**
7. **Toghe e forchette. La giustizia secondo l' ordine forense. (II edizione).**
8. **Il volto oscuro della democrazia.**
9. **Inquisizioni democratiche.**

10. L' eclissi della legalità.

11. Democrazia totalitaria e reati d' opinione.

COLLANA "ACTA"

La collana raccoglie atti e documenti processuali elaborati dallo Studio Legale Longo (http://longolegal.blogspot.com/) nell' ambito della attività professionale legale ed aventi un certo interesse giuridico più ampio.

Alcuni di questi testi non sono diffusi e distribuiti, e il loro uso è solo di ambito giudiziario endoprocessuale , quale documentazione utilizzata in vari procedimenti. Altri testi, invece, sono messi in pubblica diffusione, previo consenso scritto del Cliente, diffusione sovente caldeggiata dal cliente stesso.

I testi già pubblicati , tutti dell' avvocato Edoardo Longo, sono i seguenti :

1. Incubo veneziano .
2. Autodifesa. Anatomia di un processo politico.
3. La Costituzione sfregiata.
4. La legge ' Mancino ' : una legge terrorista.
5. La Costituzione sospesa.
6. Medini murato vivo.

COLLANA "VERBA"

La collana raccoglie Opere di valore, inedite in Italia, perché sabotate dalla lobby editoriale trasversale asservita alle centrali del " Pensiero Unico" totalitario. Titoli pubblicati :

1. (Autore Anonimo) , IL MARTIRIO DI PADRE TOMMASO PER MANO GIUDAICA.

2. (Dottor Martinez), ALLE RADICI DEL MALE GIUDAICO.

3. (Raffaele Di Deco), SINAGOGHE DEGLI ORRORI.

4. (Gian Pio Mattogno), IL NON EBREO NELLA LETTERATURA TALMUDICA.

5. (Luigi Magrone), GLI USURAI DELLA TERRA.

6. (Giovanni Gentile), L' EDUCAZIONE DEGLI ITALIANI.

7. (Nazareno Mezzetti), ALFREDO ROCCO , IL GIURISTA DI MUSSOLINI.

8. (Paolo Orano), GLI EBREI IN ITALIA.

9. (Epifanius), IL SOGNO OSCURO DI ISRAELE : IL DOMINIO DEL MONDO.

10. (a cura di Gian Pio Mattogno), GLI USURAI EBREI NELL' ITALIA MEDIEVALE E RINASCCIMENTALE.

11. (a cura di Edoardo Longo), I GIUDEI E L' ACCUSA DEL SANGUE.

12. (Stanislaw Trzeciak), L ' ANTISEMITISMO DAL PUNTO DI VISTA CRISTIANO.

13. (Gian Pio Mattogno), MORALITA' GIUDAICHE.

14. (Mario Bergamo), NOVISSIMO ANNUNCIO DI MUSSOLINI.

15. (Luigi Cabrini), IL POTERE SEGRETO.

16. (a cura di Gian Gaetano Cabella), TESTAMENTO POLITICO DI BENITO MUSSOLINI.

COLLANA " SAGGISTICA ".

Raccoglie Opere di natura accademica ed universitaria . Titoli pubblicati :

1. (**Davide Ros), A PORDENONE SI VOTAVA COSI'.**

COLLANA " NARRATIVA ".

Raccoglie Opere di narrativa.

Titoli pubblicati :

1. (**Fabio Tonelli) , L' OMICIDIO ESTETICO.**

Edizioni della Lanterna

Catalogo : http://www.lulu.com/spotlight/antizog

Sito Internet : http://edizionilanterna.blogspot.it/

Tel : 338.1637425 - Email : longolegal@libero.it

IL POTERE
SEGRETO
Luigi Cabrini

L' EDUCAZIONE
DEGLI ITALIANI
Giovanni Gentile

ALFREDO ROCCO,
IL GIURISTA DI
MUSSOLINI
Nazareno Mezzetti

NOVISSIMO
ANNUNCIO DI
MUSSOLINI
Mario Bergamo

GLI USURAI DELLA TERRA
Luigi Magrone

EDIZIONI DELLA LANTERNA

Catalogo : **http://www.lulu.com/spotlight/antizog**

pagina facebook : **edizioni della Lanterna**

sito : http://edizionilanterna/blogspot.com/

email : **edoardolongoedizioni@libero.it** - ***telefono :*** **338.1637425**

Le Edizioni della Lanterna pubblicano testi " maledetti" cui la censura della Polizia del Pensiero impedisce di circolare nei circuiti editoriali ufficiali, controllati dalla lobby del " pensiero unico mondiale ".Pubblichiamo testi politici controcorrente, ristampe di classici politici degli ani ' 30, opere dell' avv. Edoardo Longo. E' la sola casa editrice italiana specializzata in libri e documenti sulla malagiustizia imperante e sui processi politici italiani sconosciuti al grande pubblico. In catalogo *32* opere controcorrente. I ricavi delle vendite vengono reinvestiti immediatamente per la pubblicazione di altre opere.

Modalità di acquisto dei libri via web :

- **Alla pagina http://www.lulu.com/spotlight/antizog :** con carta di credito, carta paypal.
- **Alla pagina : http://blomming.com/mm/edoardolongoedizioni/items :** carta di credito, paypal , bonifico, vaglia, assegno, con ricarica telefonica.

Modalità di acquisto via telefono :

- **Chiamando al nr. 338-1637425 :** mediante ricariche telefoniche su questo numero (gestore : ***poste mobile***).

Modalità di acquisto via posta ordinaria :

- **Scrivendo a : STUDIO LEGALE LONGO, viale della Libertà , 27 – PORDENONE . (fax : 0434-43130).** – scrivendo a questo indirizzo è possibile anche ricevere gratis una copia cartacea del catalogo librario.

Opera nr. 24

www.ingramcontent.com/pod-product-compliance
Ingram Content Group UK Ltd.
Pitfield, Milton Keynes, MK11 3LW, UK
UKHW041837200726
13854UKWH00003BA/1185